Sicher ist sicher. Bei aller Sorgfalt, die wir in der Recherche haben walten lassen, können sich Öffnungszeiten auch einmal kurzfristig ändern, oder ein Lokal ist gerade an Ihrem perfekten Kopenhagen-Wochenende ausgebucht oder geschlossen. Darum empfehlen wir, grundsätzlich möglichst weit im Voraus zu reservieren. Ein kurzer Anruf genügt und Sie können sicher sein, zur vereinbarten Zeit einen Platz zu finden.

für die Süddeutsche Zeitung Edition
in Kooperation mit smart-travelling print UG, Berlin
Reihe „Ein perfektes Wochenende ...“

Idee und Redaktion: Nancy Bachmann, Nicola Bramigk
Projektleitung: Sabine Sternagel
Texte: Mansur Ajang, Nancy Bachmann, Julia Bähr
Fotos: Namy Nosratifard, Ibsens Hotel (S. 12),
Marie Louise Munkegaard (S. 44 – 49),
La Banchina (S. 58, 60 oben), Anders Elmshøj (S. 60 unten, 61),
Lid Koeb (S. 80 – 81)
Covergestaltung: Stefan Dimitrov, Lena Mahr
Gestaltung und Illustration: Cindy Bachmann, Rahel Streiff
Produktion: Sibylle Schug
Herstellung: Thekla Licht, Hermann Weixler
Druck und Bindung: optimal media GmbH, Röbel/Müritz
ISBN: 978-3-86615-848-1

6. aktualisierte Auflage, 2018

☞ Weitere Adressen finden Sie unter www.smart-travelling.net

Restaurant: Manfreds & Vin

Jægersborggade 40, Nørrebro

Tel: +45 36 966593

Seite 53

Restaurant: La Banchina

Refshalevej 141A, Refshaleøen

Tel: +45 31 266561

Seite 59

Café: Café Mirabelle

Guldbergsgade 29, Nørrebro

Tel: +45 35 354724

Seite 65

Bar: Ruby Bar

Nybrogade 10, Innenstadt

Tel: +45 33931203

Seite 77

Shop: Torvehallerne

Frederiksborggade 21, Nørrebro

Tel: +45 70106070

Seite 83

Gut zu wissen

Tipps, Ausflüge, Spaziergänge

Seite 89 – 120

SCOOTERFRØEN
ANTIK
THE COFFEE COLLECTIVE

NORDIC WUNDERKIND

Von der dänischen Hauptstadt geht eine ganz spezielle Energie aus. Kopenhagen ist stimulierend und scharfkantig, historisch und gleichzeitig hip und erfrischend. Mit königlicher Vergangenheit und trendsetzender Offenheit vereint die grüne Stadt am Meer Gegensätze in Architektur, Gastronomie, Design und Lifestyle. Dabei geben sich die Kopenhagener ganz gelassen und bescheiden. Sie sind Meister des guten Lebens und vereinen in ihrem Alltag Stil, genussvolles Essen und genug Zeit für die Familie. Dazu tragen sie immer ein Lächeln im Gesicht. So liegt Kopenhagen im Ranking der lebenswertesten Metropolen ganz weit vorne. Auch wenn es sich als „hyggelig" (behaglich, gemütlich) bezeichnet, geht es in der Stadt mit viel Elan rund. Neben Stockholm ist die dänische Metropole die kulturelle Identität des Nordens mit ihrem beeindruckenden Neuen Opernhaus oder dem Louisiana Museum für moderne Kunst, das jährlich hunderttausende Kunstfans anzieht. Und 2010 gab es eine kulinarische Revolution durch René Redzepi, der es mit Noma auf Platz 1 der weltbesten Restaurants geschafft hat. Insgesamt hat Kopenhagen sogar zwölf Sterne-Restaurants und liegt damit kulinarisch weit vor London und Berlin. Auf überschaubarem Raum kann man von dänischen Designklassikern bis zu avantgardistischer, nordischer Mode wunderbar shoppen und will man die Seele baumeln lassen, ist man in nicht mehr als einer halben Stunde mit der Bahn an der Küste vom Øresund oder im größten dänischen Wildpark Dyrehaven. Oder machen Sie es wie die Kopenhagener: Schwingen Sie sich aufs Rad und tanken Sie eine ordentliche Portion herrlichen dänischen Lebensgefühls.

dänische wohnkunst
von france & son
sonderausstellung bei
schildknecht / stuttgart-n, kriegsbergstr. 40-42
schoettle / stuttgart-s, eberhardstrasse 68
WEGNER
DANSKA
VECKORNA
1964

HOTEL ALEXANDRA

Wer dänische Design-Klassiker liebt, trifft hier auf alte Bekannte wie Verner Panton, Finn Juhl oder Hans Wegner. Hinter einer historischen Fassade unweit vom Tivoli Park und dem Rathausplatz verbindet sich eine hundert Jahre alte Hoteltradition mit zeitloser, skandinavischer Eleganz. Man kommt sich fast wie in einem Design-Museum vor, nur dass man hier die Stücke auch benutzen kann. Verteilt ist die Sammlung des netten Hausherrn Jeppe Mühlhausen auf 61 Zimmer, darunter sind elf als Hommage an einzelne Designer mit ihren bekanntesten Objekten eingerichtet. Auch deshalb fühlt sich ein Besuch im Hotel Alexandra wie eine Zeitreise in die 30er- bis 50er-Jahre.
Der skandinavische Retro-Stil zieht sich durch das ganze Haus und als Gast können Sie sich am Abend an der kleinen feinen Honesty-Hausbar bedienen lassen oder Ihren Hunger im hauseigenen Bistro stillen und am Morgen dann wie die Kopenhagener auf eines der Hotelräder steigen und die Stadt erkunden.

Tipp: Wenn das Hotel nicht ausgebucht ist, können Sie sich die unterschiedlichen Zimmer zeigen lassen und das aussuchen, das Ihnen am besten gefällt.

Hotel Alexandra Adresse: H.C. Andersens Boulevard 8, Innenstadt
Tel: +45 33 744444 E-Mail: reservations@hotel-alexandra.dk
Internet: www.hotelalexandra.dk Preise: DZ ab 235 Euro, Frühstücksbuffet 13 Euro

POLITIKEN

JALK
ARNE
BØRGE
HOTEL ALEXANDR

☞ Ibsens Hotel

Das Ibsens Hotel liegt in der pulsierenden Nansengade-Gegend nur wenige Gehminuten vom Botanischen Garten und dem Torvehallerne Food Markt entfernt. In dem hübschen Boutique-Hotel ist man umgeben von anspruchsvoll minimalistischem Design und markanten Details wie zum Beispiel schönen dänischen Textilien lokaler Künstler.
In den Sommermonaten genießen Gäste das großzügige Frühstücksbuffet auf der Terrasse. Zum Abend bietet das In-House-Hotelrestaurant „La Rocca" authentische italienische Küche. Natürlich gibt es viele weitere Restaurantoptionen in der umliegenden Gegend.

Adresse: Vendersgade 23, Christianshavn
Tel: +45 33 45 77 44, Internet: www.arthurhotels.dk/ibsens-hotel
Preise: DZ ab 165 Euro

← ELEVATOR C
ROOFTOP TERRACE
FLOCKS & COWS
TOILETS
LUGGAGE ROOM

HOTEL
SP34

HOTEL SP34

Wer dem Alltag und den To-Do-Listen zu entfliehen gedenkt und dafür in minimalistisches, skandinavisches Design eintauchen möchte und besonders seinem Auge etwas Gutes tun will, der sollte hier ein Zimmer buchen. Der Name verrät schon, wohin die Reise geht. SP34 steht für die Adresse des kleinen Design-Hotels in der Sankt Peders Stræde Nummer 34. Perfekte Ausgangslage, um durch das schöne Bohème-Viertel zu schlendern, durch die Schätze der Vintage-Läden zu stöbern und den alten Stadtkern von Kopenhagen zu erkunden. Wer die Stadt lieber mit dem Fahrrad erkunden möchte, schnappt sich eins der Hotelräder. Es lohnt sich aber, zwischen 17.00 und 18.00 Uhr wieder im Hotel einzutrudeln, denn da steht die „Wine Hour“ auf dem Programm, in der Sie ein Glas Wein auf Kosten des Hauses in der Lobby genießen dürfen. Danach können Sie in den gemütlichen Sesseln der Bibliothek mit Kamingeknister versinken und den Mid-Century-Charme des historischen Gebäudes auf sich wirken lassen. An den Wänden hängt zeitgenössische Kunst, im Bad finden Sie die Pflegeprodukte von Ren Clean Skincare und das Interieur ist von nordischer Schlichtheit geprägt. Hier stimmt einfach alles, von der Hausfassade bis zur Badewanne.
Nicht zu vergessen: Die beiden Restaurants Work in Progress und Cocks & Cows, sind bei Hotelgästen wie Einheimischen gleichermaßen beliebt.

Hotel SP34 Adresse: Sankt Peders Stræde 34, Vesterbro
Tel: +45 33 133000 Internet: www.brochner-hotels.dk/our-hotels/sp34
Preise: DZ ab 150 Euro

☞ Hotel Bertrams

Im Bertrams kann man es sich richtig gut gehen lassen. Ob auf gemütlichen großen Kissen, unter modernen Baldachinen und bunt bedruckten Bettdecken, auf Fellsesseln in der Lounge oder im idyllischen Garten. Den Einrichtungsstil des Besitzerehepaars Nikolas und Anne Hall prägen Einflüsse der Kulturen Europas und Asiens. Zu diesem Mix gehören afghanische Teppiche, die auf einem schönen alten Parkett liegen, und schlichte, goldene Spiegel, ebenso können Sie Fahrräder mieten – und ein Wohngefühl, das sehr gemütlich und dabei nachhaltig ist. Beim Strom und bei der sonstigen Versorgung des Hauses wird auf ökologische Lösungen gebaut, das reichhaltige Frühstück in der offenen Küche besteht aus biologischen Produkten. Granola mit Früchten, Vanillejoghurt und in Honig eingelegte Mandeln sorgen für einen guten Start in den Tag.
Die Lage zwischen Meatpacking District und Nørrebro ist cool, und für eine Jogging-Runde am Morgen bietet sich der schöne Sønermarken Park am Ende der Vesterbrogade an.

Tipp: Hotelgäste können für einen Aufpreis den Spa-Bereich des Axel-Hotels nutzen, das nur ein paar Hundert Meter vom Bertrams entfernt liegt und zur selben Hotelfamilie gehört.

Adresse: Vesterbrogade 107, Vesterbro
Tel: +45 70 208107, Internet: www.guldsmedenhotels.com/Bertrams/Bertrams-Copenhagen-Home.aspx
Preise: DZ ab 150 Euro inkl. Frühstück

AMASS

AMASS

Ein Dinner im AMASS ist ein unvergessliches Erlebnis. Das fängt schon bei der Anreise an, die in ein Industriegelände am äußeren Rand des Kopenhagener Hafens auf der Insel Refshaleøn führt. In einer alten Werkzeughalle hat sich der Südkalifornier Matt Orlando mit seinem eigenen Restaurant verwirklicht. Vorher kochte er für die besten Sterneköche in San Diego, London und New York und war zum Schluss Head-Chef des legendären Noma. Der Ort ist genauso spektakulär wie seine Küche. Eine Mischung aus minimalistischen dänischen Design und kalifornischen Spirit, rohen Putzwänden mit Graffiti-Kunst, dazu Hiphop-Musik aus den Boxen, offene Küche und ein Menü mit eigenwilligen, perfekt aufeinander abgestimmten, überraschenden Kompositionen, die wie kleine Kunstwerke aussehen und ausgezeichnet schmecken. Orlando arbeitet dabei ausschließlich mit Produkten aus der Region, vieles davon kommt aus dem eigenen Kräuter- und Gemüsegarten und bleibt so auch erschwinglich. Das 7-Gänge-Menü kostet rund 100 Euro, für fünf Gänge zahlt der Gast 80 Euro.

Tipp: Reservieren Sie sich einen Platz am Community Table 153, hier wird jeden Abend um 19.30 Uhr das Chef-Choice-Menü serviert, neue Bekanntschaften garantiert. Und sollten Sie sich spontan entscheiden, gibt es bei Orlando immer die Chance auf ein paar walk-in-Plätze am Fenster.

Amass Adresse: Refshalevej 153, Refshaleøen
Tel: +45 43584330 Internet: www.amassrestaurant.com
Öffnungszeiten: Mittwoch – Samstag 18.00 – 24.00 Uhr (Dinner),
Freitag und Samstag 12.00 – 16.00 Uhr (Lunch)

HELLMER

Photo
Egg
Herbs

Ein Gespräch mit Matt Orlando

Chef und Besitzer vom AMASS

Wofür steht AMASS?

Das ist für mich ein Wort: „zugänglich". Wir haben keine Warteliste und bei uns zahlt man ein Drittel des Preises von Fine-Dining-Restaurants. Ich möchte meine Gäste gerne öfter sehen.

Ihr Restaurant hat einen unverwechselbaren Look. Wer hat das Design gemacht?

Meine Frau und ich, wir hatten kein Geld für Architekten. Es ist Teil meiner Herkunft, ich bin in Südkalifornien aufgewachsen mit Surfen, Skaten, habe Graffiti gesprüht und Hiphop gehört. Die Playlisten kommen alle von mir, kalifornischer Underground-Hiphop, und für die Wand konnte ich den berühmten dänischen Graffitikünstler Sothan gewinnen.

Was macht die Gegend aus?

Ich mag den Industrie-Charme, er erinnert mich an meine Zeit in Brooklyn, und den Platz, den wir hier haben. Die Insel hat etwas Eklektisches und es gibt hier eine tolle Community.

Was gibt es nur hier?

Im Sommer können die Gäste auch bei uns im Garten picknicken mit einer Flasche Wein und Fried Chicken mit Biscuits, Coleslaw und Chocolate Chip Cookie. An dem Rezept habe ich 2 Monate gearbeitet.

Was schätzen Sie in Kopenhagen?

Die Cooking Scene, hier gibt es kein Ego wie in New York. Wir arbeiten alle zusammen, jeder sendet Gäste zu jedem. Kopenhagen ist eine kleine Stadt und keiner überlebt alleine, wir brauchen einander.
Und die Produkte. Die Saison ist zwar kurz, aber das kalte Wetter macht die Pflanzen stärker und aromatischer als woanders.

KØDBYENS FISKEBAR

Anders Selmer hat eine Mission. Er möchte die dänische Fisch-Kultur wiedererwecken. Nachdem er mit seinem besten Freund René Redzepi das Restaurant Noma geführt hatte, eröffnete er im Sommer 2009 seine Fiskebar. Mitten im neu erschlossenen Meatpacking District liegt sie und vermischt kosmopolitisches New-York-Feeling mit mediterranem Flair. In lichtdurchfluteten Hallen, an schlichten dunklen Holztischen oder der großen Bar und vor behutsam renovierter Industrie-Kulisse werden tolle Fischgerichte serviert. 15 von ihnen stehen auf der Karte und bei der Qualität der Zutaten werden keine Kompromisse gemacht. Sogar die Fish & Chips sind ein Gedicht: nicht zu fettig, herrlich frisch und mit köstlicher Remoulade. Dieser Klassiker, der im Papiertütchen serviert wird, steht jeden Tag auf der Karte. Der Rest richtet sich nach dem Angebot auf dem allmorgendlichen Fischmarkt.
Probieren Sie unbedingt auch ein Glas vom Arwen 2010, den Anders Selmer zusammen mit René Redzepi auf der Insel Lilleø anbaut, zwei Stunden von Kopenhagen entfernt. Obwohl modern und stylish, möchte die Fiskebar kein hipper Ort sein, sondern „ein Restaurant, das viele Jahre erhalten bleibt und sehr gutes Essen in ganz eigener Atmosphäre serviert", wie Anders Selmer sagt. Auch wer keinen Fisch isst, kann die Bar genießen, da es auch immer eine kleine Auswahl an Fleisch- und vegetarischen Gerichten gibt.

Kødbyens Fiskebar Adresse: Flæsketorvet 100, Vesterbro Tel: +45 32 155656
Internet: www.fiskebaren.dk Öffnungszeiten: Dienstag – Freitag
17.30 – 24.00 Uhr (Freitag bis 2.00 Uhr), Samstag 11.30 – 2.00 Uhr,
Sonntag 11.30 – 24.00 Uhr

Ein Gespräch mit Anders Selmer

Besitzer der Fiskebar

Wer hat Sie bei Ihrer Arbeit am meisten inspiriert?

Ganz klar, René Redzepi. Mit dem Restaurant Noma hat er Dänemark auf die kulinarische Weltkarte gebracht.

Sie waren selbst Teil des Nomas. Wie kamen Sie zur Fiskebar?

2005 geriet der ganze Meatpacking District in Bewegung. Ich habe hier selbst lange gelebt und liebe die Gegend. Damals habe ich noch im Noma gearbeitet, aber immer schon Ausschau nach einem eigenen Ort gehalten. 2009 habe ich diese Halle gefunden und meine Zeit war gekommen.

Und mitten im Fleischerei-Viertel haben Sie sich ganz auf Fisch spezialisiert.

Seit zehn Jahren denke ich schon darüber nach, etwas mit Fisch zu machen. Denn es ist ein Jammer, Dänemark ist von Wasser umgeben und der ganze gute Fisch wird exportiert. Seit den 50er-Jahren ging es mit der Fischkultur bergab und das ändert sich nur langsam. 2009 haben gerade zwei Fischrestaurants in Kopenhagen eröffnet.

Was möchten Sie in Ihrem Restaurant anders machen?

Mir ist nicht nur die Qualität der Produkte wichtig, sondern auch, dass wir dabei verantwortlich mit der Natur umgehen. Wir verarbeiten keine Fischart, die gefährdet ist, und achten auf natürlichen Fang. Auch im Restaurant selbst versuchen wir nachhaltig zu sein, nutzen statt einer Heizung die Wärme aus der Küche. Schließlich sollen unsere Kinder auch noch etwas von dieser Welt haben.

☞ Noma-Phänomen

Auch wenn wirklich jeder in Kopenhagen vom Noma spricht, ist das Restaurant selbst so versteckt wie ein Geheimtipp. Am Ende der Strandgade geht man durch ein Werkstor, kommt dann an verschiedenen Lagerräumen vorbei, denkt eigentlich, man sei falsch und plötzlich taucht am Ende unverhofft das Restaurant auf, direkt am Wasser und mit herrlichem Blick auf das Hafenbecken Nynhavn.
2010 wurde das Restaurant von Dänemarks jüngstem Head Chef René Redzepi zum besten der Welt gewählt. Kurz darauf sind auf der Website so viele Reservierungen eingegangen, dass, hätte man sie alle angenommen, das Noma für die nächsten elf Jahre ausgebucht gewesen wäre.
René Redzepi hat die dänische Küche revolutioniert, indem er den Fokus ganz auf das einzelne Produkt richtet: auf die Rote Bete, den Fisch, die Kresse. Sie kommen in sieben Gängen, sind natürlich lokal und nicht ganz billig. Mit begleitenden Weinen kommen Sie auf ca. 270 Euro pro Menü.
Das Interieur ist stylish mit charmanten Brüchen: mit Fell umspannte Stühle, dazu dänische Klassiker auf weißem Holzboden. Hat man einmal dort gearbeitet, stehen einem alle Türen in Kopenhagens Gastronomie-Szene offen. Auch wenn es sehr schwierig ist, eine Reservierung zu bekommen: Geben Sie die Hoffnung nicht auf. Bequem können Sie sich auf der Website für eine Warteliste registrieren. Und mit etwas Glück ...

Adresse: Strandgade 93, Christianshavn
Tel: +45 32 963297, Internet: www.noma.dk
Öffnungszeiten: Dienstag – Samstag 17.00 – 24.00 Uhr

HÖST

Höst liegt in der Nähe der Seen und ist der jüngste Restaurant-Zugang der Cofoco (Copenhagen Food Consulting)-Familie, gestaltet vom Designerstudio Menu und Norm Architects. Das Interieur aus rohen Wänden, groben Holz, Vintage-Objekten, Industrieleuchten und Schaffellen erzeugt ein modernes wie rustikal-skandinavisches Wohlfühl-Ambiente und hat dafür gleich 3 Internationale Design-Awards gewonnen. Und ist das perfekte Setting für eine ausgefallene nordisch inspirierte Küche zu bezahlbaren Preisen. Ein saisonal wechselndes 3-Gänge-Menü gibt es ab 40 Euro, mit begleitenden Weinen für 25 Euro. Wer möchte, kann aber auch genauso gut a la Carte essen, z. B. eine in Heu-Asche gebackene Flunder mit Spinat-Petersilien-Püree oder Ribeye mit frittierten Pommes mit schwarzer Tinte oder dänischen Gammel-Käse mit Rosenblüten und Fenchelsamen. Beliebtestes Gericht, das seit Höst-Eröffnung auf der Karte steht, ist der Lobster mit Wacholder-Karotten, Sanddorn, Haselnüssen und in brauner Butter frittiertem Hühnerfuß.
Besondern schön: das eigens für das Restaurant entwickelte Geschirr „New Norm Dinnerware“, das man auch für zu Hause erwerben kann.

Höst Adresse: Nørre Farimagsgade 41, Innenstadt
Tel: +45 89 938409 Internet: www.cofoco.dk/en/restaurants/hoest/
Öffnungszeiten: Täglich 17.30 – 24.00 Uhr

KADEAU

RESTAURANT KADEAU

Das Kadeau ist eine kulinarische Liebeserklärung an die Ostseeinsel Bornholm. Die beiden Inhaber, Sommelier Rasmus Kofoed und Chefkoch Nicolai Norregaard, kehrten nach ihrem abgeschlossenen Studium wieder zurück auf die Insel, um ihr erstes Restaurant in der Alhammer Bucht zu eröffnen. Golden geräucherte Heringe, fangfrischer Fisch, Honig aus Østermarie, Wildkräuter, Waldbeeren, bernsteinfarbenes Rapsöl und vieles mehr gehören zu den regionalen Erzeugnissen, die von den Machern des Kadeaus verwertet werden. Ende 2011 haben die beiden Insulaner dann ihr zweites Restaurant in Kopenhagen eröffnet – und sind nun zu Botschaftern der Ostseeinsel geworden. Die Menüs sind mal französisch, mal asiatisch inspiriert und beeindrucken vor allem durch ihre kunstvollen Kreationen. Klassisch mundet die gesalzene Makrele mit Rhabarberstücken, Kartoffeln, Rettich, Liebstöckel und Wildkräutern. Absolut empfehlenswert ist das Steinbuttfilet auf Kohlgemüse mit Muscheln und Austern. Zusammen mit dem selbst gebackenen Brot bildet es ein Universum an Geschmäckern. Die offene Küche lädt ein, das Treiben des jungen Teams, das sich in kürzester Zeit einen Namen in der dänischen Hauptstadt geschaffen hat, zu bestaunen. Selbst das Noma, welches 2012 zum dritten Mal in Folge zum „besten Restaurant der Welt" gewählt worden ist, empfiehlt seinen Gästen, bei dem Bornholmer Team vorbeizuschauen. Unbedingt im Voraus reservieren.

Restaurant Kadeau Adresse: Wildersgade 10b, Christianshavn
Tel: +45 33 252223 Internet: www.kadeau.dk
Öffnungszeiten: Samstag 12.00 – 16.00 Uhr Uhr (Lunch)
Montag – Samstag 18.30 – 24.00 Uhr (Dinner)

KADEAU

☞ Pony

In der ehemaligen Kadeau-Location auf der Vesterbrogade ist Pony eingezogen, der Ableger des Fine-Dining-Restaurants. Hinter unscheinbarer Fassade verbirgt sich ein kleiner Raum mit offener Küche, in dem gerade mal 25 Personen Platz haben. Bistro Style ist hier das Konzept mit einer Auswahl an À-la-carte-Gerichten und einem 4-Gänge-Menü „Pony Kick", dabei mit dem gleichen Anspruch an saisonale und lokale Produkte, die aus Bornholm und dem Rest Dänemarks kommen. Als Gast fühlt man sich sofort aufgehoben und ist zugleich mitten drin im Geschehen, kann den Köchen über die Schulter schauen und gespannt darauf warten, welche Köstlichkeit im nächsten Gang serviert wird.

Adresse: Vesterbrogade 135, Tel: +45 33 221000, Internet: www.ponykbh.dk
Öffnungszeiten: Dienstag – Sonntag ab 17.30 Uhr, Montag geschlossen

VIN PÅ GLAS

MANFREDS & VIN

Frische Produkte liebevoll zubereitet zu einem fairen Preis – das ist das Küchenmotto von Manfreds & Vin. In der kleinen Weinstube mitten im Szeneviertel Nørrebro lässt Inhaber Christian F. Puglisi innovative nordische Spezialitäten in einem lockeren, rustikalen Ambiente, das an ein Pariser Bistro erinnert, kreieren. Sein zweites Restaurant Relæ, erst kürzlich mit einem Michelin-Stern ausgezeichnet, befindet sich direkt auf der gegenüberliegenden Straßenseite. Hat man draußen einen Platz auf den gemütlichen Holzbänken ergattert, lässt sich das Treiben zwischen den beiden Lokalitäten bestens beobachten. Flink tragen die Kellner das selbst gebackene Sauerteigbrot, welches unglaublich köstlich ist, hinüber in die exklusive Gourmetküche. Die Weinkarte umfasst eine große Auswahl an internationalen Gewächsen, für deren Beratung der hauseigene Sommelier treffsicher die Menübegleitung bestreitet. Von einer lokalen Käseplatte bis hin zu gegrilltem Spargel mit Buchweizen, frischer Minze und Beurre blanc oder einer Tomatensuppe mit Sellerie und hausgemachtem Pesto bietet die feine leichte Küche alles, um einen glücklich zu machen. Besonders zu empfehlen ist das Ochsentatar mit Wasserkresse und einer aus pochierten Eiern hergestellten Mayonnaise. Für Frühaufsteher gibt es eine kleine Auswahl an Leckereien wie zum Beispiel Joghurt mit knusprigen Haferflocken und Honig oder gebratene Eier mit handgemachten Würstchen und Speck. Zu jeder Tageszeit ist das Manfreds & Vin ein Genuss.

Manfreds & Vin Adresse: Jægersborggade 40, Nørrebro
Tel: +45 36 966593 Internet: www.manfreds.dk
Öffnungszeiten: Täglich 12.00 – 15.30 Uhr und 17.30 – 22.00 Uhr

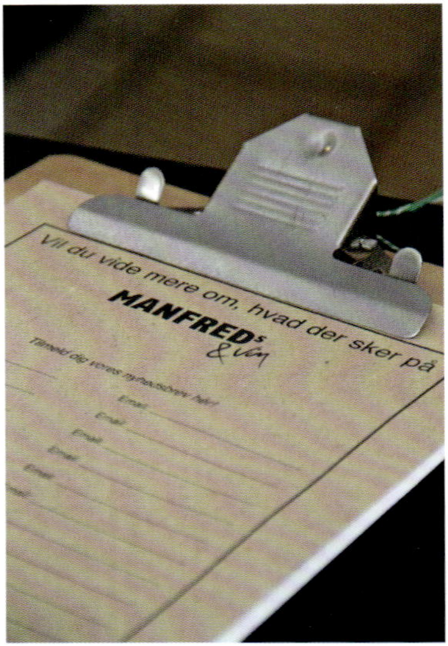
Vil du vide mere om, hvad der sker på
MANFREDs
& Vin

☞ Relæ

Christian F. Puglisi, der 2010 mit einem Michelin-Stern ausgezeichnet wurde, gehörte davor dem Noma-Team an und wurde in den Küchen von Ferran Adria und René Redzepi stark beeinflusst. Im Relae geht es weniger luxuriös zu und die preise verhältnismäßig günstigen Preisen. In seine Kreationen fließen nicht nur die italienischen Einflüsse seiner Herkunft ein, vielmehr lässt er sein Küchenteam an der Entwicklung neuer Speisen teilhaben. Wichtig ist ihm, nordische Klassiker mit mediterraner Leichtigkeit zu verschmelzen. Reservieren Sie rechtzeitig.

Adresse: Jægersborggade 41, Nørrebro, Tel: +45 3696 6609
Internet: www.restaurant-relae.dk, Öffnungszeiten: Dienstag – Samstag 17.00 – 24.00 Uhr (Dinner), Freitag und Samstag 12.00 – 15.00 Uhr (Lunch)

LA BANCHINA

Wer dem Stadttrubel entfliehen will und die Vorzüge einer am Wasser gelegenen Stadt genießen möchte, schnappt sich ein Fahrrad und radelt an der Oper vorbei in Richtung Amass. Bereits der Weg ist purer Genuss. Und damit ist nicht nur der weite Blick auf das Wasser gemeint, auch die immer mal wieder auftauchenden Gebäude strotzen nur so vor architektonischer Eleganz. Nach etwa 15 Minuten gelangt man an die kleine, etwas unscheinbare Holzhütte La Banchina. Hier, in dieser kleinen Bucht, inmitten des Hafengebietes Refshaleøen, trifft sich an sonnigen – und auch an nebligen – Tagen die kreative Szene von Kopenhagen. Wenn die Sonne scheint, sitzt man auf dem vorgelagerten Steg, lässt die Füße im Wasser baumeln, in der Hand ein Glas Rosé und auf dem Teller dänische Hausmannskost at its best – frisch geangelten Fisch, und die Kräuter kommen aus dem Garten von nebenan. Wer Lust hat, springt auch mal für eine Abkühlung ins Wasser. Ein Ort, an dem man Stunden verbringen könnte und eigentlich auch gar nicht auf die Uhr schauen möchte, sondern erst dann nach Hause geht, wenn die Sonne untergegangen ist. Und bei schlechtem Wetter? Dann ist La Banchina der Inbegriff von Hygge. Kerzen flackern, im Hintergrund läuft guter Jazz und auf der Terrasse wird die Sauna eingeheizt. Kaum zu glauben, aber diesen Ort gibt es wirklich.

La Banchina Adresse: Refshalevej 141A, Refshaleøen
Internet: www.labanchina.dk Öffnungszeiten: Café: Oktober bis April:
Montag – Freitag 8.00 – 16.00 Uhr, Samstag – Sonntag 9.00 – 16.00 Uhr
Dinner: Oktober bis April: Donnerstag – Sonntag 18.00 – 24.00 Uhr
Mai bis September: Montag – Freitag 8.00 – 23.00 Uhr,
Samstag – Sonntag 9.00 – 24.00 Uhr

MOBILE-
PAY

SAUNA
DAGENS RETTER
SNACKS

☞ Lab Kitchen

Etwas ab von den üblichen Touristenpfaden, ist The Lab Kitchen ein wirklicher Geheimtipp – selbst unter den Locals. Versteckt in einem Hinterhof, inmitten des Mekkas der Kopenhagener Fotostudios, ist dieser Ort vor allem zum Lunch und Frühstück angesagt. Hier kommen die Kreativen aus den Agenturen vorbei auf einen Kaffee, einen Juice, zum leichten Lunch oder auch einfach nur, um ein paar Mails zu bearbeiten und genießen die lockere Atmosphäre. Wer jetzt eine übliche Kantine im Kopf hat, liegt falsch. Auf höchstem dänischen minimalistischen Niveau geht es hier todschick im Industrial Style zu. Die Küche kann mit dem Niveau mithalten und bietet das Beste, was die umliegende Natur und Jahreszeit zu bieten hat. Einziges Manko – The Lab Kitchen ist nur von Montag bis Freitag geöffnet.

Adresse: Vermundsgade 40A 1st floor, Kopenhagen
Tel: +45 39272733
Internet: www.thelabkitchen.dk
Öffnungszeiten: Montag – Freitag 8.00 – 16.00 Uhr

TE
Cedron 25
Peppermint 25
Cloud Te 30
Darjeeling 30
NATURVIN
DAGENS SUPPE
idag med: 60,-
CROISSANT 25,-
Romersk pizza
Sandwich

CAFE MIRABELLE

Kein Geringerer als Christian Puglisi, der für sein Restaurant Relæ 2010 mit einem Michelin-Stern ausgezeichnet wurde, steht hinter der Bäckerei mit den rein organischen Produkten im trendigen Viertel Nørrebro. Kein Wunder, dass sein neues Cafe schon seit dem ersten Tag zum absoluten Place to be der dänischen Hauptstadt gehört. Die schwarz-weiß gemusterten Fliesen, die offene Backstube, die langen Holztafeln und natürlich der Duft von frischgebackenen Köstlichkeiten laden zum Hang-Out, ausgiebigen Sonntags-Brunch oder Coffee to-go ein. Nicht nur die Croissants sind stadtbekannt und gelten als die besten von Kopenhagen, auch das hausgemachte Granola, das Sauerteigbrot mit pochiertem Ei und das Italian Smørrebrød sollten probiert werden, schließlich hat der Besitzer italienische Gene und dementsprechend liegt das Pizzabacken ihm im Blut. So eine Bäckerei wünscht man sich auch für zu Hause.

Nach einem gemütlichen Brunch sollten Sie unbedingt noch durch die Nachbarstraßen schlendern, denn hier weht ein frischer Trend-Wind mit Designershops, Kunstgalerien und vielen anderen Cafés.

Café Mirabelle Adresse: Guldbergsgade 29, Nørrebro
Tel: +45 35 354724 Internet: mirabelle-bakery.dk
Öffnungszeiten: Täglich 8.30 – 21.30 Uhr

SOMMER DESSERTER!
Koldskål med crumble & rabarber 45,-
Citron granita 40,-
En hurtig snack til biografen
375,-
15,-

GOD
KAFFE
A Book of Ideas

Mirabelle
Mirabelle

Mirabelle
Mirabelle

☞ Bæst

Die Italienische Oase mitten in Kopenhagen ist ebenfalls ein Werk von Christian Puglisi. Zusammen mit Kim Rossen hat er direkt neben dem Cafe Mirabelle das Restaurant eröffnet. Der Pizzateig wird von den Bäckern des Mirabelle gebacken und das sagt eigentlich schon alles – die Pizza muss einfach gut sein und das ist sie auch. In der Küche wird nur mit den besten Zutaten gearbeitet, alle stammen von lokalen Farmern und sind biologisch. Zu den Spezialitäten gehört auch der Mozzarella, der in der hauseigenen Molkerei gefertigt wird.

Adresse: Guldbergsgade 29, Nørrebro
Tel: +45 3535 0463 , Internet: www.baest.dk
Öffnungszeiten: Täglich 17.00 – 22.30 Uhr

☞ Atelier September

Ein Lieblings-Cafe in Kopenhagen. Der lichtdurchflutete Raum mit dem tollen Vintage-Counter war früher ein Antiquitäten-Geschäft. Seit 2014 serviert Frederik Bille Brahe Frühstück, Lunch und Snacks. Das handgeschriebene Menü ist organic, ausgewählt und auf den Punkt. Beliebt sind das hausgemachte Grapefruit-Blaubeer-Granola mit Minze, die Avocado-Brote und -Salate, mittags gibt es zwei täglich wechselnde Gerichte, wie Tomaten mit Burrata oder neue Kartoffeln mit Wildkräutern. Der schönste Platz ist am großen Fenster, wo man dem Kopenhagener Leben bei einer Tasse Matcha-Tee oder Cappucino relaxt zuschauen kann.

Gothersgade 30, Innenstadt, Tel: +45 26295753
Internet: www.atelierseptember.dk, Öffnungszeiten: Montag – Freitag
7.00 – 18.00 Uhr, Samstag 9.00 – 16,00 Uhr, Sonntag 10.00 – 16.00 Uhr

Electrolux

RUBY BAR

Eine der schönsten Bars Kopenhagens ist von außen kaum zu erkennen. Ihr Prinzip: möglichst geheimnisvoll wirken. Die hohen Altbauwände, der Blick durch die Fenster auf das Thorvaldsens Museum und die freundliche Begrüßung des Barkeepers sorgen sofort für ein Wohlbefinden. Die Cocktailkarte wird auf die jeweilige Jahreszeit abgestimmt.

So findet man auf ihr z.B. den Thymian Collins, ein Drink bestehend aus Tanqueray Gin, Zitronensaft, Soda, Zucker, Grapefruit und aromatischem Thymian, gepflückt im eigenen Garten. Dieser wirkt erfrischend und macht zugleich Lust, den Abend in gemütlicher Atmosphäre zu verbringen. Wer es noch intimer mag, findet im Kellergeschoss, das vorher ein Tresorraum einer ehemaligen Bank war, ein hochwertig ausgestattetes Herrenzimmer. Bequeme Ledersessel, dunkles Holz und schummriges Licht bilden ein Kontrastprogramm zum oberen Bar-Ambiente.

Ruby Bar Adresse: Nybrogade 10, Innenstadt Tel: +45 33931203
Internet: www.rby.dk Öffnungszeiten: Montag – Samstag 16.00 – 2.00 Uhr,
Sonntag 19.00 – 1.00 Uhr

CAMPARI
PICON
RICARD

☞ Lid Koeb

Lid Koeb, versteckt in einem Hinterhof auf der Vesterbrogade, ist der Neuzugang der Ruby-Bar-Besitzer. An der langen Holzbar mit vielen Stühlen oder bequemen Lederbänken werden spezielle House Cocktails und Nordic Cocktails als Hommage an die besten nordischen Zutaten und Flavors serviert: herrlich erfrischend der „Lille Fortun“ aus Tanqueray Gin, Chartreuse Verte, Zitrone, Zucker, Pale Ale und frischen Salbei-Blättern oder klassisch nordisch „Kolonihaven“, aus Honig in Geranium Gin, Apfel-Gurkensaft und Apfel-Cider. Für Whiskey-Liebhaber gibt es sogar eine eigene Bar im Obergeschoss.

Adresse: Vesterbrogade 72B, Tel: +45 33112010
Internet: www.lidkoeb.dk, Öffnungszeiten: Mittwoch – Samstag
16.00 – 2.00 Uhr, Sonntag – Dienstag 20.00 – 2.00 Uhr

5
DANSKE URTER
3 STK 120,-
45,-/STK
VANDPEBER
35,-
45,-

TORVEHALLERNE

Viel Licht, gerade Linien und Funktionalität prägen die typisch dänische Architektur. Dieses Konzept spiegelt sich auch in den neu erbauten Markthallen auf dem Israel Plads wider. Die beiden Glasbauten fangen das natürliche Tageslicht gekonnt auf, transportieren es ins Innere und sorgen besonders in den nordischen Wintermonaten für Wohlbehagen. Regionale Erzeugnisse von Obst bis Gemüse, fangfrischem Fisch und dänischen Backwaren finden sich in Kopenhagens Speisekammer wieder: Ein Schlemmerparadies für Slow-Food-Liebhaber. Neben den Lebensmittelspezialitäten bieten die exklusiven Essensstände eine große Auswahl an dänischen und anderen internationalen Gerichten an. Für den kleinen Hunger sollte man bei Hallernes Smørrebrød vorbeischauen. Roggenbrote, belegt mit hausgemachter Leberpastete, Roastbeef oder grönländischen Garnelen, sind hier die Klassiker. Wer bei einer Tasse Kaffee einfach nur das Treiben der Einheimischen beobachten möchte, sollte bei Collective Coffee eine Pause einlegen und einen exzellenten Kaffee aus der dänischen Mikro-Rösterei zusammen mit süßen Leckereien von Sweet Valentine und der Laura Bakery genießen. Am Wochenende bauen die Antiquitätenhändler rund um die Markthallen ihre Stände auf. Neben Porzellan der Königlich Dänischen Manufaktur findet man über Schmuck bis Schallplatten alles, was das Trödlerherz begehrt.

Torvehallerne Adresse: Frederiksborggade 21, Nørrebro
Tel: +45 70106070 Internet: www.torvehallernekbh.dk Öffnungszeiten:
Montag – Donnerstag 10.00 – 19.00 Uhr, Freitag 10.00 – 20.00 Uhr,
Samstag 10.00 – 18.00 Uhr, Sonntag 11.00 – 17.00 Uhr,
Flohmarkt: Freitag und Samstag 9.00 – 17.00 Uhr

THE COFFEE COLLECTIVE

38,-

Summerbird
ORGANIC
UDEN RENT VAND - INTET LIV
Summerbird
ORGANIC
UDEN RENT VAND - INTET LIV

ØKO HAKKET
SVIN
OKSE
130
PR KG

HIGH QUALITY / CAFE / BAR
Q

SMART TRAVELLING

GUT ZU WISSEN

Kopenhagen ist groß, darum ist dieser Infoteil so klein. Hier erfahren Sie nicht alles und jedes, sondern genau das, was Sie für ein perfektes Wochenende brauchen. Wenige, aber genau die richtigen Informationen: Wissenswertes über die Kopenhagener Lebensart, eine kleine subjektive Auswahl an Sehenswürdigkeiten, Spaziergängen und Tipps für Ausflüge. Dazu einen Stadtplan mit unseren Lieblingsadressen, damit Sie nicht lange suchen müssen, sondern gleich anfangen können Kopenhagen zu genießen.

ARCHITEKTUR

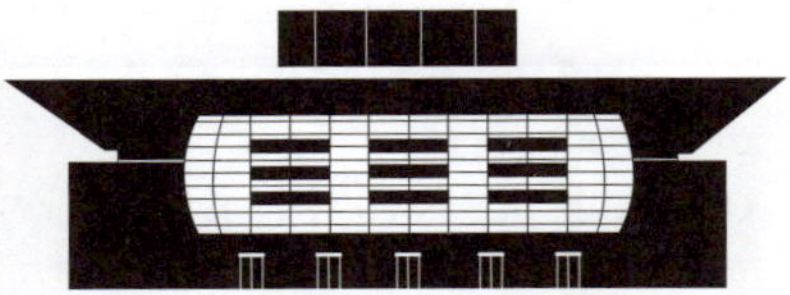

Das neue Opernhaus

Zwischen Speicher- und Bürogebäuden entlang der Uferpromenade auf der Insel Holmen springt einem das vom dänischen Star-Architekten Henning Larsen gestaltete und 2005 eröffnete Opernhaus sofort ins Auge, nicht zuletzt durch seine kubusartige Form, seine Fassade aus Jura-Stein und Glas sowie das 90 Meter breite Vordach. Drinnen geht es nicht weniger spektakulär weiter mit 14 Etagen, von denen fünf unter der Erde liegen, sechs Bühnen mit modernster Technik, einem Auditorium für 1.400 Zuschauer und drei beeindruckenden Lichtobjekten vom isländisch-dänischen Künstler Olafur Eliasson, die im Foyer von der Decke hängen. Wenn Sie kein Ticket für eine Vorstellung haben, können Sie auch eine Führung durch das Haus buchen oder die einzigartige Atmosphäre des Operncafés und -restaurants erleben.

Ekvipagemestervej 10, Innenstadt
Tel: +45 33 696933
www.kglteater.dk

Det Kongelige Bibliotek

Die einst königliche Bibliothek ist ein wahres Schmuckstück Kopenhagens und wird aufgrund ihrer dunklen, polierten Fassade aus schwarzem Granit „Der Schwarze Diamant" genannt. Der älteste Teil des Gebäudes wurde 1898–1906 nach Zeichnungen von H. I. Holm ausgeführt. 1999 kam der neue Anbau von den Architekten Hammer & Lassen hinzu. Besonders eindrucksvoll ist der Übergang von alt zu neu und umgekehrt. Über große Rolltreppen und weite Fluchten unternimmt man in gewisser Weise eine kleine Zeitreise. Mit mehr als 4,5 Millionen Bänden ist es die größte Buchsammlung Nordeuropas.

Søren Kierkegaards Plads 1, Innenstadt
Tel: +45 33 474747
www.kb.dk
Generell: Montag – Freitag
8.00 – 21.00 Uhr,
Samstag 9.00 – 19.00 Uhr,
Juli–August:
Montag – Freitag 8.00 – 19.00 Uhr,
Samstag 9.00 – 19.00 Uhr
Sonntag geschlossen

Klampenborg

Ein Hauch von Hollywood weht über die weiß strahlende Apartment-Siedlung aus den 30er-Jahren am Øresund. Zu ihr gehören unter anderem eine amerikanisch anmutende Tankstelle und das Bellevue-Strandbad. Die Wohnungen in dem Komplex galten zwar immer als begehrt, nicht zuletzt wegen des Ausblicks auf das Meer und die schwedische Küste. Doch der Zahn der Zeit hat erheblich an der Anlage genagt.
Klampenborg liegt ca. 15 Kilometer nördlich von der Innenstadt entfernt.

Statens Museum for Kunst

Es ist das wichtigste Museum für bildende Kunst in Dänemark. Das historisch beeindruckende Gebäude von 1896 ist von einer romantischen Parkanlage umgeben und beherbergt drei umfassende Sammlungen mit Malereien, Zeichnungen und Skulpturen von 1300 bis heute, darunter von Größen wie Tizian, Rembrandt und Henri Matisse sowie moderne dänische Künstler wie Asger Jorn oder Per Kirkeby.
1999 wurde ein moderner Flügel angebaut, in dem wechselnde Ausstellungen zeitgenössischer Künstler stattfinden.

Sølvgade 48–50, Innenstadt
Tel: +45 33 748494, www.smk.dk
Dienstag, Donnerstag–Sonntag 11.00–17.00 Uhr,
Mittwoch 11.00–20.00 Uhr

Ny Carlsberg Glyptotek

Die vom Architekten Vilhelm Dahlerup gestaltete Glyptotek (1897) beherbergt mit über 10.000 Werken die größte Antikensammlung Nordeuropas. Ein Geschenk, das der leidenschaftliche Kunstsammler und erfolgreiche Unternehmer Carl Jacobsen Ende des 19. Jahrhunderts seiner Stadt gemacht hat.
Nach dem Besuch der Weltausstellung in Paris haben die Jacobsens hier den Grundstock für die größte Sammlung französischer Expressionisten außerhalb Frankreichs gelegt. 1996 ist ein moderner Anbau hinzugekommen, in dem Werke von Gauguin, Bonnard, Toulouse-Lautrec und Bernard wirkungsvoll präsentiert werden. Im Museumscafé, das im glasüberkuppelten Wintergarten des schönen alten Gebäudes liegt, kann man zu einem stimmungsvollen Lunch zwischen Skulpturen einkehren.

Dantes Plads 7, Innenstadt
Tel: +45 33 418141
www.glyptoteket.dk
Dienstag–Sonntag 11.00–18.00 Uhr,
Donnerstag bis 22.00 Uhr

Arken Museum für Moderne Kunst

Etwas außerhalb, südwestlich von Kopenhagens Zentrum gelegen, liegt das Arken Museum für Moderne Kunst. Der grandiose Bau vom dänischen Architekten Søren Robert Lund erinnert an einen Schiffsrumpf, eingebettet in Dünen nur wenige Meter vom Meer entfernt.

Im Inneren findet man Bilder, Fotografien, Skulpturen und Videoinstallationen moderner dänischer, skandinavischer und internationaler Künstler. Die wechselnden, durchaus ungewöhnlichen Kunstausstellungen sprechen mal ein breiteres Publikum, mal eine vermutlich eher kleine Menge an Kunstinteressierten an. Nicht weniger interessant ist das Gebäude vom Arken Café, das wie ein gigantisches Rettungsboot an einer Seite des Museums hängt. Von hier aus kann man bei einem Kaffee den wunderbaren Blick auf den Køge Strand genießen.

Skovvej 100, Ishøj, ca. 20 km von Kopenhagen
Tel: +45 43 540222
www.arken.dk
Dienstag – Sonntag 10.00 – 17.00 Uhr, Mittwoch bis 21.00 Uhr

Louisiana Museum für Moderne Kunst

Das 1958 von Sammler und Mäzen Knud Jensen gegründete Museum für Moderne und Zeitgenössische Kunst hat den Ruf, das dänische MoMA zu sein und zieht alljährlich hunderttausende Kunstfans nach Humlebæk. Grund hierfür ist nicht nur seine beeindruckende Sammlung, die mehr als 3.000 Kunstwerke aus der Zeit nach 1945 umfasst – vom europäischen Nouveau Réalisme mit Yves Klein oder Lucio Fontana über die amerikanische Pop-Art mit Kunstgrößen wie Andy Warhol, Roy Lichtenstein, Robert Rauschenberg bis zur deutschen Kunst der 1980er-Jahre mit Anselm Kiefer und Georg Baselitz –, sondern auch seine idyllische Lage, eingebettet in einen weitläufigen Skulpturenpark mit Arbeiten von Henry Moore oder Alexander Calder. Ein Besuch im Louisiana ist die perfekte Mischung aus Natur, Kunst und Architektur. Im Museumscafé kann man jederzeit einen Snack einnehmen und im Museumsshop in Kunst- und Architekturbüchern blättern.

Über das Jahr verteilt gibt es mit „Louisiana Contemporary“ vier bis sechs Sonderausstellungen von internationaler Bedeutung.

Gammel Strandvej 13,
Humlebæk,
ca. 30 Min. nördlich von Kopenhagen
Tel: +45 49 190719

www.louisiana.dk
Dienstag – Freitag 11.00 – 22.00 Uhr,
Samstag – Sonntag 11.00 – 18.00 Uhr

GALERIENRUNDGANG

In der Bredgade:

ASBÆK

Asbæk
Seit mehr als 30 Jahren zeigt die Galerie Asbæk internationale Kunst – und gehört zu den etabliertesten des Landes. Markus Oehlen und der Foto-Superstar Martin Parr gehören zu ihren Künstlern. Manche von ihnen arbeiten und stellen in ihrer Dependance im schicken Andratx auf Mallorca aus, andere in ihren museumsgleichen Räumen in Kopenhagen. Und da sich Patricia Asbæk auch nach 40 Jahren im Geschäft nicht nur auf Altbewährtes verlässt, ist ein Besuch immer interessant. Auch, weil der Junior mittlerweile in das Business eingestiegen ist und im Untergeschoss den künstlerischen Nachwuchs präsentiert.

Bredgade 23, Innenstadt
Tel: +45 33 154004
www.asbaek.dk
Dienstag – Freitag 11.00 – 18.00 Uhr,
Samstag 11.00 – 16.00 Uhr

LARM

LARMgalleri
2005 von Louise und Lars Rahbek gegründet, liegt der Fokus der Galerie bei der Auswahl der Werke auf neuen, dänischen Künstlern, deren Arbeiten auch gerne provokativ bis politisch sind. Die Galerie liegt zusammen mit der Peter Lav Galerie in der ersten Etage der Skt. Annæ Passage, die von der Bredgade abgeht.

Bredgade 73, Innenstadt
Tel: +45 29914657
www.larmgalleri.dk
Dienstag – Freitag 12.00 – 17.00 Uhr,
Samstag 12.00 – 15.00 Uhr

Christina Wilson Art Advisory

Unter der gleichen Adresse wie LARM finden Sie auch die Galleri Christina Wilson, die in ihren großzügigen Räumen zeitgenössische Werke bekannter Künstler ausstellt. Dabei ist das starke Bestreben der Galeristin Christina Wilson spürbar, einen interkulturellen Austausch zwischen der dänischen und der internationalen Kunstszene herzustellen. Die Galerie repräsentiert u.a. Sophie Calle, Jesper Just, Kirstine Roepstorff, Ulrik Møller, Peter Linde Busk und Michael Williams.

Artillerivej 160
Tel.: +45 28397160
www.christinawilson.net
Dienstag–Freitag 12.00–17.00 Uhr,
Samstag 12.00–15.00 Uhr

Im Meatpacking District:

Galerie V1

Als Jesper Elg und der Künstler Peter Funch 2002 ihre Galerie eröffnet haben, waren sie die Ersten im Meatpacking District. Heute gehört V1 zu den Top-Galerien der Stadt. Sie zeigt moderne Arbeiten dänischer und amerikanischer Künstler, u.a. Anika Lori, Dearraindrop oder Richard Colman. Mit Glück findet man auch noch die ein oder andere bezahlbare Arbeit. Mit Werken von Banksy, Faile und Shepard Fairey haben sie sich außerdem einen Namen im Street-Art-Bereich gemacht.

Flæsketorvet 69-71, Vesterbro
Tel: +45 33 310321
www.v1gallery.com
Mittwoch–Freitag 12.00–18.00 Uhr,
Samstag 12.00–16 Uhr oder nach Vereinbarung

Galleri Bo Bjerggaard

Vom V1 kommend müssen Sie nur einmal den Hof überqueren und sind schon bei Bjerggaard, einer Galerie, die großartige europäische Künstler im Norden präsentiert, wie Georg Baselitz, Sigmar Polke, Jannis Kounellis, Erwin Wurm und Jonathan Meese. Darüber hinaus liegt ein Schwerpunkt auf Foto- und Video-Arbeiten von u. a. Per Bak Jensen, Erik Steffensen and Eva Schlegel. Die Galerie hat zwei Ausstellungsräume, einen für young talents und einen für bereits etablierte Künstler.

Flæsketorvet 85 A, Vesterbro
Tel: +45 33 934221
www.bjerggaard.com
Dienstag–Freitag 13.00–18.00 Uhr,
Samstag 12.00–16.00 Uhr

Galleri Nicolai Wallner

Knapp zwei Kilometer von den Fleischereihallen entfernt Richtung Westen liegt das noch relativ junge Kunst-Areal Ny Carlsberg Vej 68. Wo vorher Trucks parkten, wird jetzt auf großzügigen 2.000 Quadratmetern zeitgenössische Kunst gezeigt. Zu den ansässigen Galerien gehören IMO, BKS Garage, Nils Stærk, Nicolai Wallner.

Glentevej 47–49, Tel. +45 32 570970
www.nicolaiwallner.com
Dienstag–Freitag 12.00–17.00 Uhr,
Samstag 12.00–15.00 Uhr

Nordic Art Fair

Jedes Jahr im Herbst findet die Nordic Art Fair statt, eine Kunstmesse, die ausschließlich Werke nordeuropäischer Künstler zeigt. Die führenden Galerien aus dem Norden von Dänemark über Schweden bis nach Island sind hier vertreten. Sollten Sie also im September nach Kopenhagen reisen, gibt es keinen besseren Querschnitt durch das Neueste an nordischer Kunst.

https://www.facebook.com/
artnordic

DÄNISCHES DESIGN

Dansk Design Center

Eine wunderbare Zusammenfassung dänischen Designs. Hier gibt es Alltagsgegenstände aus mehreren Jahrzehnten zu sehen, die durch ihre Formgebung herausragen, oder Möbelklassiker legendärer Designer und immer wieder Sonderausstellungen rund um das Thema Design. Der angegliederte Museumsshop stellt für sich auch schon eine Art Ausstellung dar. Von Ausstellungskatalogen bis hin zu der sehr intelligenten Produktlinie „Travel Light“ findet hier jeder etwas Nützlich-Schönes. Ob für die Geschäftsreise oder den nächsten Urlaub, Design darf – zumindest in den Augen der Dänen – nie fehlen. Und sei es „nur“ eines der 100 besten Design-Bücher.

Bryghuspladsen 8
Tel: +45 4050 3206
https://danskdesigncenter.dk
Montag–Freitag 10.00–17.00 Uhr,
Mittwoch 10.00–21.00 Uhr, Samstag
und Sonntag 11.00– 16.00 Uhr

Dansk Møbelkunst

Ein anspruchsvoller Laden mit Schwerpunkt auf dänischem Design. Die Handschrift erinnert an die Hochzeiten des dänischen Designs in den 60er-Jahren: zierlich abgerundete Hölzer, kombiniert mit Leder und Korbstrukturen.

Aldersrogade 6C, Innenstadt
Tel: +45 33 323837
www.dmk.dk
Nur nach Vereinbarung

Illums Bolighus

Dieses Kaufhaus präsentiert sich als perfektes Design-Kaufhaus für nordisches Design mit Schwerpunkt Dänemark. Hier gibt es nichts, was es nicht gibt. Die Welt der Küchen- und Wohnaccessoires ist besonders gut sortiert. Und wer wenig Zeit mitbringt, findet hier Kopenhagen zusammengetragen unter einem Dach.

Amagertorv 10, Innenstadt
Tel: +45 33 141941
www.illumsbolighus.dk
Montag – Samstag 10.00 – 19.00 Uhr
Sonntag 11.00 – 18.00 Uhr

FLOHMÄRKTE

Flohmarkt am Israels Plads

Ein alteingesessener Flohmarkt in Kopenhagens Zentrum an der Metrostation Nørreport. Hier kann man gut sortierten Trödel finden von Antiquitäten über Glas und Porzellan bis hin zu tollen Jazzplatten.

Israels Plads, Innenstadt
April–Oktober: Samstag
8.00–14.00 Uhr

Flohmarkt Frederiksberg

Ein beliebter Neighborhood-Flohmarkt. Hinter dem Rathaus in Frederiksberg verkaufen die Kopenhagener und Frederiksberger ausgesuchten dänischen Trödel, Markenklamotten und Liebhaberstücke. Für wirklich gute Funde lohnt es sich, früh zu kommen.

Rathausplatz, Frederiksberg
April–Oktober: Samstag
9.00 – 15.00 Uhr

BEST OF DELIS

Kaffee

Hier treffen sich Kaffee Aficionados für den perfekten Espresso, Flatwhite oder einen klassischen Filterkaffee. Das Coffee Collective besteht aus vier Jungs, die man auch vor Ort antrifft, wenn sie nicht gerade eine der Kaffeeplantagen bereisen, von der sie ihre Bohnen beziehen. Außer Croissants gibt es nichts zu essen, aber man kann sich gerne etwas an Essen mitbringen. Jeden Dienstag und Donnerstag wird geröstet, dann duftet es in der ganzen Straße.

Coffee Collective
Godthåbsvej 34 B, Frederiksberg
Tel: +45 60 151525
https://coffeecollective.dk/
Montag – Freitag 7.30 – 18.00 Uhr,
Samstag und Sonntag 9.00 – 18.00 Uhr

Porridge in allen Variationen

Vom klassischen Haferflocken-Porridge, über Glutenfree-Varianten mit Nussmilch und Superfood Toppings, bis zu Congee, ein salziges asiatisches Reis-Porridge oder Dessert-Porridge mit Apfel und Vanille.

Grød
Jægersborggade 50
Tel: +45 50 58 55 79
www.groed.com
Montag – Freitag 7.30 – 21.00 Uhr,
Samstag und Sonntag
9.30 – 21.00 Uhr

Hering-Variation

Drei verschiedene Sorten Hering, klassisch mariniert, mit Curry oder Christian Ø (eine spezielle Gewürzmischung). Sollte man bei einem Kopenhagen-Besuch einmal gegessen haben. Achtung: nur auf der Lunch-Karte.

Manfreds & Vin
siehe S. 51

Fish & Chips
Ein Klassiker aus der Fiskebar. Im schwarz-weiß gestreiften Papiertütchen serviert. Nicht zu fettig, herrlich frisch und mit köstlicher Remoulade.

Kødbyens Fiskebar
siehe S. 29

Eis & Granita
Köstlich cremiges Eis, so wie wir es aus Italien lieben: mit sizilianischen Pinienkernen oder Pistazien aus Bronte. Dazu erfrischende Kaffee- und Mandel-Granitas. Und das im hohen Norden!

Siciliansk Is
Skydebanegade 3, Vesterbro
Tel: +45 30 223089
www.sicilianskis.dk
September und April – Mai: Täglich 13.00 – 18.00 Uhr, Juni – August: Täglich 12.00 – 21.00 Uhr, Oktober – März: Dienstag – Sonntag 15.00 – 20.00 Uhr

DELI SHOPPING

A. C. Perch's Thehandel
Nicht nur die Briten lieben Tee. Seit 1835 hat A. C. Perch, der älteste, kleinste und renommierteste Teeladen der Stadt, alles, was eine teeliebende Seele an Auswahl braucht. Der herrliche Duft schon vor dem Laden fängt jeden ein und trotzt

tapfer der Nachbarschaft, die aus trendigen Fashion-Shops besteht. Drinnen stehen manchmal drei Generationen hinter der Theke. Im ersten Stock versteckt sich ein Teesalon, in dem man sich in gemütlicher Wohnzimmeratmosphäre durch die verschiedenen Tees und Kuchen probieren kann. Aus der Historie als königlicher Hoflieferant wurden über die Jahre auch ebensolch „königliche" Tee-Mischungen kreiert, wie z. B. Queens Blend, Prins af Danmark, Royal Blend und Kronprinsesse Blanding.

Kronprinsensgade 5, Innenstadt
Tel: +45 33 153562
www.perchs.dk
Montag–Donnerstag 9.00–17.30 Uhr,
Freitag 9.00–19.00 Uhr, Samstag
9.30–16.00 Uhr, Café ab 11.00 Uhr

Summerbird

In unmittelbarer Nachbarschaft von A. C. Perch liegt das Summerbird, eine moderne Chocolaterie mit feinen Pralinen, mit Schokolade überzogenen Haselnüssen und immer wieder neuen Ideen rund um das Thema Schokolade. Verpackt in nordisch schlichtem Design, sind die süßen Köstlichkeiten auch ein perfektes Mitbringsel.

Kronprinsensgade 11, Innenstadt
Tel: +45 33 938040
www.summerbird.net
Montag–Freitag 11.00–18.00 Uhr,
Samstag 10.00–16.00 Uhr

Alida Marstrand

Diese kleine Schokoladenmanufaktur in Kopenhagens Bredgade ist ein Juwel vergangener Zeiten. Seit über 80 Jahren kann man hier handgemachte Pralinen und mit dunkler Schokolade überzogene Früchte kaufen. Beim Betreten des kleinen Souterrain-Ladens wird man sofort von einem Schokoladenduft betört. Besonders beliebt und ausgesprochen köstlich sind die Ingwer-Pralinen. Am besten kaufen Sie gleich ein paar mehr davon.

Bredgade 14, Innenstadt
Tel: +45 33 151363
www.alida-marstrand.dk
Dienstag–Freitag 11.00–17.00 Uhr,
Samstag 10.00–14.00 Uhr

Gourmandiet

Eine traditionelle Fleischerei mit wunderschönen Fliesen, die zu den besten in Dänemark zählt. Das Fleisch kommt von glücklichen Tieren aus der Umgebung. Daneben gibt es eine ausgesuchte Auswahl an europäischen Delis von der italienischen Pasta bis zum biodynamischen Wein. In dem gemütlichen Raum nebenan kann man auf Fellstühlen sitzend das gute Fleisch gleich vor Ort an großen Holztischen genießen.

Rosenvœngets Allé 7A, Østerbro
Tel: +45 39 271000
www.gourmandiet.dk
Montag – Donnerstag
11.00 – 18.00 Uhr,
Freitag 11.00 – 19.00 Uhr,
Samstag 10.00 – 15.00 Uhr
Restaurant: Donnerstag – Samstag
17.30 – 24.00 Uhr (Küche bis 22.00 Uhr)

SHOPPING UND LÄDEN

Eine kleine Auswahl an Smart Travelling Lieblingsstraßen, besonderen Läden und nahegelegenen Cafés für eine Pause zwischendurch:

Innenstadt: in und um die Kronprinsensgade, Silkegade, Ny Østergade, Krystalgade

Paustian
Das dänische Möbelhaus wurde von dem Architekten Jan Utzon in Zusammenarbeit mit seinem Vater Jørn Utzon, der durch den Bau des Opernhauses in Sydney berühmt wurde, entworfen. Am Hafen gelegen lädt der weiße Betonpalast zur Shoppingtour ein. Hochwertige Möbel, Lampen und Teppiche stehen für Funktionalität, solide Formen und Benutzerfreundlichkeit. Foersom & Hiort-Lorenzen, Paul Leroy, Asger Soelberg, 2R Rasmussen & Rolff und viele andere Designer entwerfen für das Haus exklusive Möbel und Einrichtungsgegenstände. Das angegliederte Restaurant Paustian lädt nach getaner Erkundung zur Stärkung ein.

Kalkbrænderiløbskaj 2, Nordhavn
Tel: +45 39 166565
www.paustian.dk
Montag – Freitag 10.00 – 18.00 Uhr,
Samstag und Sonntag 10.00 – 15.00 Uhr

GUBI Showroom
GUBI ist der Inbegriff von modernem dänischen Design, farbenfroh und dennoch minimalistisch. In dem eleganten Showroom in einem

historischen Gebäude aus dem 19. Jahrhundert im Zentrum werden moderne Klassiker und trendige Designerstücke wie in einer Ausstellung präsentiert, kuratiert von Kreativdirektor Jacob Gubi.

Møntergade 19, Zentrum
www.gubi.dk
Montag – Freitag 10.00 – 18.00 Uhr
Samstag 10.00 – 16.00 Uhr

Rue Verte

Ein Eingang, viele Räume, wo sich treppauf, treppab immer wieder etwas Neues entdecken lässt. Da gibt es einen Raum, der die Kollektionen von Diane von Furstenberg oder Chloé mit anderen begehrten Labels verkauft, einen Schuh- und Strick-Raum und einen, der von dem Pariser Label Zadig & Voltaire besetzt ist. Zwischendurch kann man sich bei Joe & The Juice frische Smoothies nach Lust und Laune zusammenstellen und neue Energie tanken.

Ny Østergade 11, Innenstadt
Tel: +45 33 125555
www.rueverte.dk
Montag – Donnerstag
10.00 – 18.00 Uhr,
Freitag 10.00–19.00 Uhr,
Samstag 10.00–16.00 Uhr

Storm

Minimalistisch cooler Conceptstore mit einer guten Mischung aus Büchern, Musik, Turnschuhen und Klamotten. Die Stimmung ist locker, freundlich und entspannt, so dass es Spaß macht, zwischen den neuesten Teilen von Acne und den coolsten Shirts aus L.A. zu stöbern.

St. Regnegade 1, Innenstadt
Tel: +45 33 930014
www.stormfashion.dk
Montag–Donnerstag 11.00–17.30 Uhr,
Freitag 11.00–19.00 Uhr,
Samstag 10.00–16.00 Uhr

Krystalgade

Zwei dänische In-Marken Wood Wood (Nr. 7) mit gleich zwei Läden für Frauen und Männer und Hendrik Vibskov (Nr. 6) präsentieren in der Krystalgade ihre neuesten Stücke. Dazu gibt es bei Times Up Luxus-Vintage von Chanel, Givenchy oder Gucci und eine feine Auswahl an Second Hand Accessoires (Nr. 4).

Montag–Donnerstag 11.00–18.00 Uhr,
Freitag 11.00–19.00 Uhr,
Samstag 11.00–16.00 Uhr

Bredgade

Die Bredgade ist die Antiquitäten- und Galerienstraße in der Innenstadt. Es macht Spaß, sich hier ein paar Stunden Zeit zu nehmen und ein paar dänische Designerstücke aus den 60ern aufzustöbern und zeitgenössische Kunst in der Galerie Asbækoder bei Christina Wilson zu bestaunen. Dansk Møbelkunst ist einer der interessantesten Läden der Straße.

Vesterbro

Istedgade: Interessant ist vor allem der südwestliche Abschnitt zwischen Gasværksvej bis zum Enghave Plads mit seiner bunten Auswahl an Geschäften, Cafés und seinem multikulturellen Charme.

Nørrebro: in der Elmegade, Ravnsborggade, Jægersborggade

Kaffebar

In der sympathischen Kaffebar gibt es sehr guten Kaffee und dazu passende Frühstücke und Snacks. Ein entspannter Ort unter Einheimischen aus Nørrebro.

Elmegade 4, Nørrebro
Tel: +45 035 353038
Täglich 8.00–18.00 Uhr

Jægersborggade

Mit der Coffee-Collective-Rösterei hat alles angefangen. Danach sind immer mehr kleine Läden, Galerien und Restaurants in der Straße eingezogen, die einen ähnlichen Anspruch an Qualität haben, wie Manfreds Brunch oder Take-aways. Eine sympathische, bunte Straße, in der Kopenhagen unter sich ist.

EINMAL UM DIE SEEN

Kopenhagen ist eine Jogger-City und schon früh morgens vor der Arbeit sieht man die Kopenhagener ihre Runden drehen. In der Innenstadt sind die „Søerne“, die Kopenhagener Seen, bei den Laufsportlern besonders beliebt. Die drei ineinander übergehenden Seen ziehen sich zwischen den Stadtteilen Østerbro und Vesterbro in einem großen flachen Bogen um die Innenstadt. Eine Runde um alle Seen ist 6,3 Kilometer lang.

Für den Jogger auf Reisen gibt es nichts Schöneres, als hier seine Joggingrunde zu drehen, denn der Weg bietet die perfekte Mischung aus Wasser, Grün und Metropolen-Feeling. Am Wochenende trifft man hier auf viele Spaziergänger. An warmen Tagen kann man auch Boote leihen oder die schöne Aussicht vom Ufer aus auf einer der Bänke genießen.

Sankt-Joergens-See, Peblinge-See, Sortedams-See
Zwischen Østerbro und Vesterbro

MIT DEM FAHRRAD DURCH KOPENHAGEN

In Kopenhagen muss man unbedingt Rad fahren. Nur so kann man den wirklichen Spirit der Stadt spüren. Dabei kommt man nicht nur überall schnell hin, auf den breiten Radwegen macht es auch noch richtig Spaß zu fahren. Wenn Ihr Hotel keine Fahrräder verleiht, können Sie auch bequem eines der kostenlosen City-Bikes an verschiedenen Stationen, die über das ganze Stadtzentrum verteilt sind, anmieten.

www.bycyklen.dk
April–November
Tel: +45 89883910

GRÜNE OASEN

Kongens Have
Sobald die Sonne scheint, zieht es die Kopenhagener in die Parks, um auf den Wiesen die Wärme zu genießen. Der älteste und beliebteste Park ist der Kongens Have, der „Garten des Königs", mit dem Schloss Rosenborg, der mitten in der Innenstadt liegt. Das passende Picknick dazu können Sie sich im Meyers Deli am Kongens Nytorv zusammenstellen, das nur drei Straßen vom Eingang Kronprinsessegade entfernt liegt.

Øster Voldgade 4B, Innenstadt
Eingang auch über Gothersgade,

Sølvgade und Kronprinsessegade
Täglich ab 7.00 Uhr bis zur Dämmerung

Meyers Deli im Untergeschoss vom Magasin
Kongens Nytorv 13, Innenstadt
Tel: +45 33 254595
www.meyersdeli.dk
Montag–Donnerstag 10.00–18.30 Uhr,
Freitag 10.00–19.30 Uhr,
Samstag 10.00–17.30 Uhr

Frederiksberg Have & Søndermarken
Eine weitere grüne Oase im Westen der Stadt ist der Frederiksberg Have mit dem angrenzenden Søndermarken Park. Der weitläufige Frederiksberg Have ist im englischen Stil angelegt und beherbergt das Schloss Frederiksberg, das chinesische Sommerhaus (Det Kinesiske Lysthus) und den Zoo. Zwischen den vielen kleinen Kanälen kann man wunderbar entlangspazieren oder auf einer Bank die Seele baumeln lassen und dem Vogelgezwitscher lauschen. Oder man mietet ein Ruderboot und schaut sich die romantische Idylle vom Wasser aus an.

Haupteingang
Frederiksberg Allé/Ecke Pile Allé

MIT EINHEIMISCHEN AUF TOUR

Mit Cph:cool können Sie Kopenhagen abseits des Mainstreams entdecken. Individuelle Stadtführungen, die sich anfühlen, als würde man sich für zwei Stunden eine Freundin mieten, die einem ihre Stadt zeigt. Mit Touren wie „Urban Cool Vesterbrø“, „CPH:DESIGN“ oder „Shop-o-rama“ führen Kopenhagener in angesagte Viertel und zu architektonischen Besonderheiten oder verraten Mode- und Gastrogeheimnisse, die sich dem Kopenhagen-Besucher nicht so leicht erschließen.

CPH:COOL
Vejlegade 2
Tel: +45 50 58 28 24
info@cphcool.dk
www.cphcool.dk
Preise: 200 Euro (1 – 6 Personen)
Sprache: Englisch

DO SOMETHING YOU HAVE NEVER DONE BEFORE

Nordic cuisine unter der Brücke

Wenn Sie im August in Kopenhagen sind, sollten Sie unbedingt im Knipps Kaj reservieren. Ein temporäres, improvisiertes Restaurant im Freien mit einem großen Tisch unter der Knippelsbro-Brücke von Christianshavn. An einem lauen Sommerabend können Sie hier zusammen mit Kopenhagenern tafeln und ein köstliches Menü mit Zutaten aus der Umgebung und biodynamischen Weinen genießen. Das Knipps Kaj ist ein Projekt der Köchin Ann-Marie Fallenius-Braun, die am Kysing Strand das Fischrestaurant Fiskekonerne betreibt, und dem Weinspezialisten Rosforth. Es wird im Rahmen des Kopenhagen-Food-Festivals veranstaltet. Eingeladen werden Gastköche aus Kopenhagen, wie Sorte-Hest-Chef René Warn, alle mit dem gleichen Bewusstsein für lokale und nachhaltige Küche. Und mit etwas Glück kocht August sogar selbst.

Fiskerestauranten Knipps Kaj
Knippelsbrogade 10, Christianshavn
Tel: +45 33 325520

Copenhagen Cooking
Infos und Tickets über: www.copenhagencooking.dk

Dyrehaven

Am Sonntag zieht es die Kopenhagener in den Norden nach Dyrehaven. In dem Jagdgebiet von König Frederik dem Dritten genießen Sie heute die Natur und Ruhe – ob beim Blick hinauf in die Kronen der jahrhundertealten Bäume oder auf die vielen grasenden Rothirsche. Kopenhagens beliebtestes Park- und Waldgebiet bietet aber auch viele kulturelle Veranstaltungen wie den Eremitage-Lauf, die Hubertusjagd oder Freilichttheater-Aufführungen in den Sommermonaten.

Nur zehn Kilometer nördlich von der Innenstadt entfernt ist er wunderbar mit dem Fahrrad zu erreichen (ca. 30 min.). Man fährt vorbei an wohlhabenden Wohngegenden und Freizeithäfen und erhascht immer wieder einen Blick auf den Øresund, die Meerenge zwischen Dänemark und Schweden.

Anfahrt: mit öffentlichen Verkehrsmitteln bis Klampenborg, mit dem Fahrrad oder Auto führt die schönste Strecke über den Strandvejen (Straße 152) am Øresund entlang

Karen Blixen Museum

Fährt man von Dyrehaven 15 Kilometer weiter nördlich an der Küste entlang, kommt man nach Rungstedlund. Hier befindet sich das Geburts- und Wohnhaus der dänischen Autorin und Entdeckungsreisenden Karen Blixen, das Anfang der 90er-Jahre der Öffentlichkeit zugänglich gemacht wurde. Zu sehen gibt es, neben der originalen Einrichtung inklusive Karin Blixens Schreibmaschine und Grammophon und einer Bibliothek mit ihren Büchern, auch eine Dokumentation über das Leben der Autorin. Das Haus ist von einem weitläufigen Park mit einem Buchenwäldchen umgeben, der auf Wunsch der Künstlerin zum Vogelschutzgebiet ernannt wurde und in dem mehr als 40 verschiedene Vogelarten zu Hause sind. Im hinteren Teil des Parks liegt das Grab von Karen Blixen.

Das charmante Garten-Café lädt bei einem Blixen-Gartensalat, einem Sandwich oder einem Obstkuchen zu einer Pause in idyllischer Lage im Grünen und mit Blick auf das Wasser ein.

Strandvej 111, Rungstedlund, 25 km nördlich von Kopenhagen
Anfahrt mit öffentlichen Verkehrsmitteln: Zug nach Rungsted Kyst, Bus Nr. 388 oder 15–20 min. zu Fuß vom Bahnhof
Tel: +45 45571057

www.karen-blixen.dk
Mai–September:
Dienstag–Sonntag 10.00–17.00 Uhr,
Oktober–April: Mittwoch–Freitag
13.00–16.00 Uhr, Samstag
und Sonntag 11.00–16.00 Uhr

Humlebæk
Louisiana & Sletten Restaurant
Von Rungstedlund sind es gerade noch zehn Kilometer bis nach Humlebæk zum Louisiana, dem Museum für Moderne Kunst in Dänemark. Fantastische Architektur, die sich wunderbar harmonisch mit der Natur vereint und moderne Kunst von Weltklasse beherbergt.
Mehr Infos hierzu im Kapitel „Die schönsten Museen" auf Seite 91.
Ein Ausflug ins Louisiana lässt sich wunderbar mit einem Besuch im Restaurant Sletten verbinden. In idyllischer Lage im Hafen von Sletten, von kleinen Fischerhäusern und alten Holzbooten umgeben, kann man hier ganz vorzüglich speisen. Die Küche ist dänisch mit französischem Einschlag. Auf der Karte von Kristian Møller und Rune Jochumsen, die auch das Sterne-Restaurant Formel B in Kopenhagen führen, stehen z. B. Bouillabaisse mit lokalen Fischen, Safran und Vanille, Shrimpssalat mit Gurke, Sellerie und Wasserkresse oder Entrecôte mit Pommes frites, Bohnensalat und Sauce Bernaise.

Louisiana
Gammel Strandvej 13, Humlebæk,
ca. 30 min. nördlich von Kopenhagen
Tel: +45 49 190719
www.louisiana.dk
Dienstag – Freitag 11.00 – 22.00 Uhr,
Samstag – Sonntag 11.00 – 18.00 Uhr

Sletten Restaurant
Gammel Strandvej 137, Humlebæk
Tel: +45 49 191321, www.sletten.dk
Dienstag–Samstag 12.00–15.00 Uhr
und 18.00–21.30 Uhr,
Juni – September auch Sonntag und
Montag geöffnet

BUCHTIPP

„Das stille Mädchen", von Peter Høeg
Mit seinem Roman „Fräulein Smillas Gespür für Schnee" erlangte der dänische Schriftsteller internationalen Ruhm und gewann 1995 den Deutschen Krimipreis für sein Werk. Wie Fräulein Smilla verfügt auch der Protagonist Kasper Krone in „Das

stille Mädchen" über eine besondere Begabung. Er ist nicht nur der berühmteste Clown Europas, seit einem Unfall kann er zudem aus Geräuschen Zusammenhänge konstruieren oder aus der Stimme seines Gegenübers Gefühlslagen heraushören. Als Musiktherapeut arbeitet er mit der neunjährigen Klara Maria, von der eine eigenartige Stille ausgeht. Als das „stille Mädchen" entführt wird, fühlt Kasper Krone, dass etwas Schreckliches passiert, wenn er Klara Maria nicht rettet.

Wilde Verfolgungsjagden durch Kopenhagen wechseln sich mit philosophischen Grübeleien Krones und dem Innehalten bei der Musik von Bach ab.

FILMTIPP

„Die Olsenbande", Regie: Erik Balling

„Die Olsenbande" ist eine dänische Krimiserie aus dem Jahr 1968. Mit einem Film hat es angefangen, danach folgten 13 weitere Episoden, wie „Die Olsenbande steigt aufs Dach" oder „Die Olsenbande stellt die Weichen". In allen geht es um das Alltagsleben der Ganovenbande von Egon, Benny und Kjeld und ihre kriminellen Aktivitäten, um reich zu werden. Anführer und Namensgeber der Gang ist Egon Olsen, ein Mann mit Melone, Nadelstreifenanzug und Zigarre, Spezialist im Knacken von Tresoren. Immer wieder landet er im Gefängnis und schmiedet von dort aus einen „genialen" und „todsicheren" Plan, den er nach seiner Entlassung seinen beiden Komplizen vorstellt. Das sind Benny, der Fahrer der Olsenbande, ein großer Junge mit zu kurzen Hosen und dem Standardspruch „Mächtig gewaltig" und Kjeld, ein dicker ängstlicher Familienvater von fünf Kindern, der immer eine Hebammentasche unter dem Arm trägt, in der er Werkzeug für die Raubüberfälle transportiert.

„Die Olsenbande" wurde vor allem in Dänemark, der DDR und in Polen ein großer Erfolg.

Alle Innenszenen der Olsenbande wurden in den Nordisk Filmstudios, Europas ältestem Filmstudio, im Kopenhagener Stadtteil Valby gedreht. Direkt daneben in der Asta Nielsen Strædet war die Wohnung von Kjeld und seiner Frau Yvonne.

Nordisk Filmstudios
Mosedalvej 14, Valby
Tel: +45 36 188200
Touren ab 10 Personen am Wochenende zwischen 10.00 und 17.00 Uhr
www.nordiskfilm.com

PERSÖNLICHKEITEN

Hans Christian Andersen (1805–1875)

Hans Christian Andersen ist der wohl bekannteste Dichter und Schriftsteller Dänemarks. Er hat 156 wunderschöne, zeitlose Märchen geschrieben, die mittlerweile zur Weltliteratur gehören und zum Teil in über hundert Sprachen übersetzt und verfilmt wurden.

Zu seinen berühmtesten Veröffentlichungen zählen „Die kleine Meerjungfrau", die auch als Inspiration für das Wahrzeichen Kopenhagens diente, „Die Schneekönigin" oder „Das Mädchen mit den Schwefelhölzern". Andersen hat an verschiedenen Orten in Kopenhagen gelebt, immer wieder bei Freunden und in Hotels. Seinen ersten Roman hat er in der Dachkammer des Kopenhagener Kaufhauses Magasin geschrieben. Inspirationen hat er auf seinen vielen Reisen durch die ganze Welt gesammelt, dabei kam er insgesamt 32 Mal nach Dresden. Begraben liegt der große Dichter auf dem Friedhof Assistens Kirkegård, der sich im Nørrebro-Park befindet.

Arne Jacobsen (1902–1971)

Er gilt als bedeutendster Architekt und Designer Dänemarks des 20. Jahrhunderts, der mit seinen Entwürfen einem rigiden modernistischen Konzept folgte. Der gelernte Steinmetz und Architekt der Königlich Dänischen Kunstakademie hat sich mit seinem ersten großen Bauprojekt, der

Bellavista-Siedlung in Klampenborg einen Namen gemacht. Ganz in der Nähe, an der Küste von Øresund, baute Jacobsen 1936 die Tankstelle von Skovshoved, eine weißgeflieste Box mit kreisrundem Dach, an der man heute noch im self-service Kraftstoff bekommen kann.

Sein Gesamtkunstwerk, das SAS Royal Hotel entstand 1960. Bei Kopenhagens erstem Wolkenkratzer hat der Architekt alle Details vom Gebäude über die Stoffe bis zum Besteck selbst entworfen. Seine Sitzmöbel, wie der Ei-Stuhl oder der Schwanen-Sessel, die er für die Hotel-Lobby entworfen hat, sind weltbekannt und werden heute noch produziert.

Olafur Eliasson (*1967)

Der isländisch-dänische Künstler Eliasson ist nicht nur einer der weltweit wichtigsten und erfolgreichsten Künstler der Gegenwart. Seine Arbeiten sind auch populär und aufsehenerregend. Immer haben sie mit physikalischen Natur-Phänomenen wie Licht und Wasser oder Bewegung und Reflexion zu tun, wie z. B. die vier 2008 an der Südspitze Manhattans errichteten „New York City Waterfalls“, sein „Weather Project“ in der Tate Modern 2003, eine künstliche Sonne in feinem Nebel, oder sein „Green-River“-Experiment, eine giftgrün eingefärbte Bucht vor Stockholm in 2000.

Auch in Kopenhagen sind verschiedene Arbeiten von Eliasson zu finden, u. a. seine drei „Chandelier“-Kugeln im Foyer des neuen Opernhauses oder der Treppenaufgang im Schloss Amalienborg, den er für die Königsfamilie gestaltet hat, mit halbrunden Lampen an den Wänden und Spiegeln an der Decke, die an eine Unterwasserszenerie erinnern sollen.

Tourist Office:
Københavns Turistinformation

Vesterbrogade 4A, Vesterbro
Tel: +45 70 222442

City-Websites:
www.visitcopenhagen.de

Telefonieren:
Dänemark: +45
Kopenhagen: keine einheitliche Vorwahl

Währung:
Dänische Kronen
1 Euro = 7,46 DKK

Transport Flughafen (Kastrup) – City:
Dauer: ca. 15 min.

Mit dem Zug: zum Hauptbahnhof (Hovedbanegården)
alle 10 min.

Mit der Metro: zum Kongens Nytorv
alle 15 – 20 min.

Taxiruf:
Codan Taxi
Tel: +45 70 252525

Taxa 4 x 35
Tel: +45 35 353535

Fahrradverleih:
Kostenlose Fahrräder:
Bycyklen
www.bycyklen.dk
Tel: +45 89883910

MEIN PERFEKTES WOCHENENDE

Freitag:

Samstag:

Sonntag:

NOTIZEN

NOTIZEN

NOTIZEN

NOTIZEN

NOTIZEN

NOTIZEN

NOTIZEN